Pierre Oertel . Erwann Surcouf

L'incroyable destin de
Thomas Pesquet,
astronaute

bayard jeunesse

Texte : Pierre Oertel
Illustrations : Erwann Surcouf
Illustrations des pages documentaires : Nancy Peña

Merci à la Cité de l'espace de Toulouse, pour la relecture de cet ouvrage.

© Bayard Éditions, 2018
18, rue Barbès, 92120 Montrouge
ISBN : 978-2-7470-9942-4
Dépôt légal : mai 2019
10ᵉ tirage : septembre 2021

Tous droits réservés.
Reproduction, même partielle, interdite.
Loi n° 49-956 du 16 juillet 1949 sur les publications destinées à la jeunesse.
Imprimé en France par Pollina s.a., 85400 Luçon - 99857.

CHAPITRE 1
LE RÊVE D'UN ENFANT

— Papa, on dirait que je serais un astronaute...

Les yeux de Thomas brillent d'excitation.

— Regarde, et si on faisait un vaisseau spatial avec ces cartons ? lui propose son père, professeur de maths.

À 4 ans, jouer à l'astronaute est l'activité préférée de Thomas. Dans sa chambre, il aménage son vaisseau avec des coussins, se sert d'un manche à balai pour piloter... Il s'amuse tellement qu'il en oublie même d'aller manger !

— Si tu ne viens pas à table, on va le jeter, ton engin, menace sa mère.

Et un jour c'est arrivé, le vaisseau est parti à la poubelle. Quarante ans plus tard, Thomas s'en souvient encore !

En Normandie où il est né, le petit garçon aime aller à l'école. Il suit les traces de son grand frère, Baptiste, passionné d'informatique et d'aviation. Jusqu'au lycée, il ne rêve que d'une chose, devenir pilote d'avion militaire :

— Ce sont les avions les plus modernes et les plus rapides, s'enflamme Thomas.

— Oui, mais un jour tu devras peut-être lancer un missile, lui répond Baptiste.

Thomas réfléchit : effectivement, l'armée n'est peut-être pas ce qui lui convient le mieux…

Après le bac, il suit de brillantes études scientifiques et, à 24 ans, il intègre une école d'ingénieur à Toulouse. Toulouse ! LA ville de l'aviation et du domaine spatial ! C'est l'endroit idéal pour Thomas, qui devient pilote de ligne. Mais son rêve est toujours là et il s'interroge :

— Est-ce qu'un jour, je pourrai voir la Terre depuis l'espace ?

LE RÊVE D'UN ENFANT

Il a 30 ans, en 2008, quand se présente la chance de sa vie. L'Agence spatiale européenne recrute six astronautes. Grâce à ses études et à son expérience de pilote, Thomas peut postuler !

(suite page 7)

L'EXPLORATION SPATIALE DEPUIS LA NAISSANCE DE THOMAS PESQUET

Depuis 1978, de nombreux engins ont été lancés dans l'espace. Ils permettent de mieux connaître les planètes du Système solaire et son étoile, le Soleil, mais aussi le reste de l'Univers. En voici quelques-uns :

Voyager 1 et 2

Ce sont les premiers engins automatiques à survoler les planètes lointaines du Système solaire pendant les années 1980. Jupiter, Saturne, Uranus et Neptune ont pu être photographiées de près et mieux étudiées.

Le télescope spatial Hubble

En 1990, il a été placé en orbite à 600 kilomètres d'altitude par une navette spatiale américaine. Grâce aux nombreuses photographies d'étoiles et de galaxies, il a permis de confirmer l'âge de l'Univers : 13,7 milliards d'années !

Les robots martiens

Depuis 1997, plusieurs « rovers », des robots à roues, ont réussi à se poser sur Mars. Arrivé en 2012, Curiosity a déjà parcouru plusieurs kilomètres et a découvert que de l'eau liquide avait coulé sur la planète rouge il y a très longtemps.

La navette spatiale américaine

Elle ressemblait à un avion et pouvait emporter de gros objets dans l'espace. Deux accidents en 1986 et 2003 ont tué 14 astronautes.
Elle a effectué son dernier vol en 2011.

La Station spatiale internationale

Grande comme un terrain de football, elle a été construite et assemblée dans l'espace par plusieurs pays à partir de 1998. Elle orbite autour de la Terre à 400 kilomètres d'altitude. Depuis 2000, elle est habitée en permanence pour des missions de longue durée.

Bien entendu, il n'est pas le seul : 8 000 dossiers de candidatures venant de toute l'Europe sont arrivés à l'Agence spatiale, un record ! D'emblée, la sélection est très sévère : seuls 1 000 candidats sont admis à passer la première épreuve. Thomas en fait partie, une première victoire !

— La première qualité d'un astronaute, c'est de pouvoir s'adapter à des situations dangereuses et inattendues, expliquent des spécialistes aux candidats. Surtout, il faut avoir un bon esprit d'équipe et ne pas montrer d'agressivité.

Ça tombe bien, c'est le portrait craché de Thomas ! Et sa motivation impressionne.

En février 2009, il se soumet donc pendant deux jours à des examens médicaux très poussés. Les médecins vérifient son cœur, sa vue, sa respiration… Ils l'examinent de la tête aux pieds ! Le moindre problème de santé entraînerait sa mise à l'écart, l'exigence est très élevée. Mais Thomas aborde l'épreuve avec confiance, il a de la chance, il a toujours eu une santé de fer.

Les épreuves s'enchaînent et, à chaque étape, des candidats sont éliminés. Après un dernier test de logique et de mathématiques, l'Agence spatiale doit choisir, parmi les dix meilleurs candidats, les six qui deviendront astronautes. Tous pourraient être recrutés, la différence va se faire sur de minuscules détails !

En attendant de connaître le choix de l'Agence, Thomas retourne aux commandes de son avion de ligne, mais il ne pense plus qu'à ça ! Fera-t-il partie des six heureux élus ?

C'est par un beau jour de mai qu'il apprend la nouvelle : il est sélectionné ! Il va devenir astronaute ! Son rêve d'enfant commence à devenir réalité…

La vie de Thomas change alors pour toujours. Il prend la direction de Cologne, en Allemagne, où se trouve le Centre européen des astronautes. Il y rencontre ses camarades de promotion : deux Italiens, Samantha et Luca ; un Allemand, Alex ; un Danois, Andreas ; et un Britannique, Tim.

Tous reçoivent des consignes en matière de communication :

— Enfilez ces tee-shirts de l'Agence et gardez le sourire en répondant aux questions des journalistes !

Voilà Thomas debout avec ses cinq compagnons devant plus de cent photographes et cameramen. Il n'est pas peu fier : il en a fallu, du chemin, pour en arriver là.

Mais il pense déjà à ce qui l'attend… Car le travail ne fait que commencer !

CHAPITRE 2
UNE LONGUE PRÉPARATION

En septembre 2009, c'est la rentrée pour Thomas, Samantha, Luca, Alex, Andreas et Tim. Les yeux de Thomas brillent : moins de 600 hommes et femmes ont déjà voyagé dans l'espace et, bientôt, il fera partie du club !

— Le plus dur commence, prévient le directeur de l'Agence spatiale européenne. Il va falloir énormément travailler, être très en forme et surtout particulièrement patient !

Dans les couloirs du Centre européen des astronautes, Thomas reconnaît des photos de la Station spatiale internationale. Depuis son lancement dans l'espace en 1998, elle est en orbite autour de la Terre. Elle a déjà accueilli de nombreux astronautes européens, mais Thomas ne serait que le quatrième Français à son bord s'il avait la chance de la rejoindre.

Car c'est la première fois que six astronautes sont recrutés en même temps par l'Agence. Justement, ils sont déjà six à bord de la Station pour effectuer des missions de longue durée. Et l'équipage n'est pas composé que d'Européens, certains membres viennent aussi des États-Unis, de Russie, du Canada et du Japon.

Thomas fait rapidement une déduction :

— Si chaque année l'un d'entre nous séjourne plusieurs mois à bord de la Station...

Il n'a pas le temps de terminer sa phrase, car Luca conclut, catégorique :

— Le dernier devra attendre plusieurs années avant de voyager dans l'espace !

— Une éternité..., se désole le Français.

Les visages sont inquiets. Seule Samantha conserve le sourire :

— Même si je devais être la dernière, ce sera une joie immense !

Pour l'instant, les six astronautes commencent leur formation. Elle va durer un an.

— C'est simple, vous allez devoir connaître la Station spatiale par cœur, annonce le directeur. Vous devrez connaître le fonctionnement des différents modules et des panneaux solaires, les câbles électriques... Jusqu'à l'emplacement de chaque vis, vous devrez tout savoir !

Thomas reste impassible, le travail ne lui fait pas peur. Tant mieux, car la Station est aussi grande qu'un terrain de football !

— Allô... Comment ça va ? lui demande sa maman un soir au téléphone.
— Bien, maman. Mais là, je ne peux pas te parler, je dois encore étudier toute la nuit !

Dans sa chambre en Allemagne, loin de ses proches, Thomas apprend des dizaines de livres par cœur. Heureusement qu'il adore les maths ! Pendant plusieurs mois, il étudie le pilotage d'engins spatiaux, calcule des orbites et simule des rendez-vous dans l'espace.

Avec ses cinq camarades de promotion, il apprend également le russe. Car c'est avec une fusée de ce pays qu'il décollera en direction de la Station spatiale.

Un froid matin d'hiver, Thomas et Luca terminent leur jogging. De retour au Centre européen des astronautes, l'Italien se met à rire :

— Heureusement qu'on fait aussi beaucoup de sport, sinon on deviendrait fous !

(suite page 16)

LA PRÉPARATION À LA MISSION SPATIALE

Voyager dans l'espace demande un entraînement technique et physique quotidien très intense… Voici une petite sélection des épreuves que Thomas doit subir :

Libre comme l'air
En tant que pilote de ligne, Thomas a l'habitude de l'avion… mais en étant aux commandes. Avec l'avion spécial utilisé lors des entraînements de l'Agence spatiale, il découvre le phénomène d'impesanteur et flotte un peu comme dans l'espace.

Enfin aux commandes !
Thomas s'entraîne dans une réplique du vaisseau Soyouz en Russie. C'est à son bord qu'il voyagera vers la Station spatiale internationale. Lors des simulations, il doit faire face à de nombreuses « fausses » pannes et doit réagir parfaitement pour sauver le vaisseau… et sa vie !

Elle est pas belle, ma combinaison ?
La combinaison spatiale de Thomas est un exemplaire unique. Par exemple, rien que pour fabriquer ses gants, il a fallu effectuer 200 mesures différentes de ses mains. Mais ce n'est pas du luxe. Dans l'espace, la combinaison sera la seconde peau de Thomas. Celle qui le maintiendra en vie !

La centrifugeuse
Cette machine, en tournant très vite autour de son axe, permet de simuler le décollage d'une fusée. Avec des accélérations de plus en plus grandes, Thomas a alors la sensation de peser jusqu'à neuf fois son poids !

Un pour tous, tous pour un !
En plein hiver, Thomas, Peggy et Oleg participent à un stage de survie. Pendant deux jours, ils sont seuls et doivent se débrouiller. Par exemple, ils utilisent le parachute du vaisseau pour fabriquer une tente et, pour avoir chaud, ils font du feu. Cette tradition a pour but de souder l'équipage !

Thomas reprend son souffle et acquiesce.
— Oui, ça permet vraiment de se défouler !
En la matière, Thomas est un expert. Il est ceinture noire de judo. Mais il aime aussi le basket, la natation, le VTT... Et depuis quelques années, il pratique la plongée sous-marine, le parachutisme et même l'alpinisme !

En novembre 2010, à la fin de cette année de formation, Thomas et ses cinq camarades de promotion rejoignent le corps européen des astronautes. Désormais, le directeur va leur confier une mission, à tour de rôle.

— Cette fois, c'est le grand moment, lance Thomas, impatient. Nous allons bientôt savoir qui sera le premier d'entre nous à voyager dans l'espace !

— Mais personne ne sait comment l'Agence prend cette décision, rétorque Alex.

— En tout cas, à la fin du mois, le prochain Européen qui rejoindra la Station, ce sera Paolo Nespoli… un Italien, remarque Tim.

— Oui, donc, a priori, le suivant ne sera pas à nouveau italien, ironise Andreas. N'est-ce pas Samantha et Luca ?

Pour autant, Luca ne perd pas son sourire.

— Allez, on lance les paris !

C'est Luca qui donne, un jour, le résultat des paris à Thomas :

— Devine quoi, mon grand… C'est moi le premier !

Thomas accuse un peu le coup, il aurait tellement voulu être le premier… Mais il est tout de même très heureux pour son ami italien.

Au fil des mois, l'Agence annonce les dates de mission des prochains astronautes européens. Alex rejoindra la Station en 2014, après lui ce sera au tour de Samantha.

En 2015, d'abord Andreas, puis Tim voyageront dans l'espace. Thomas sera donc le dernier de la promotion à décoller. Il est très déçu, mais il continue de s'entraîner dur pour être prêt le « jour J ».

Enfin ! En mars 2014, Thomas reçoit cet appel tant attendu. Après plusieurs années d'entraînement, il est affecté à une mission de six mois à bord de la Station spatiale internationale. Le décollage est prévu pour novembre 2016. Ses compagnons d'équipage seront l'Américaine Peggy Whitson et le Russe Oleg Novitski.

Tout excité, il s'empresse de prévenir sa famille.

— Peggy a quasiment construit la Station à elle toute seule, explique Thomas, très admiratif, à sa mère. Et Oleg y est déjà allé, nous allons former une super équipe !

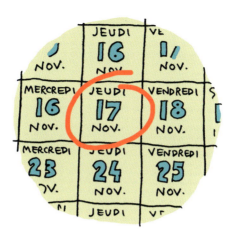

CHAPITRE 3
EN ROUTE VERS L'ESPACE !

Le grand jour approche. Nous sommes le 1er novembre 2016, le décollage est prévu dans deux semaines. Thomas s'installe avec ses deux compagnons d'équipage, Peggy et Oleg, dans un hôtel de Baïkonour, le centre spatial russe d'où décollera la fusée.

Peu après, sa famille arrive de France.

Sa mère le serre très fort dans ses bras. Des larmes d'émotion coulent sur leurs joues. Puis, c'est au tour d'Anne, sa compagne. Thomas ne l'a pas vue depuis longtemps. Son père s'avance vers lui et pose la main sur son épaule, très fier. Il est suivi de près par Baptiste, le grand frère de Thomas.

— Merci d'être venus ! souffle l'astronaute français, ému.

Le lendemain matin, devant l'hôtel, Thomas, Peggy et Oleg lèvent le drapeau de leurs pays respectifs sur un mât. Un véritable marathon de cérémonies commence alors. Car Baïkonour est l'un des plus anciens centres spatiaux du monde :

— Ici, les traditions sont très fortes, explique Thomas à ses parents. Certaines remontent à l'époque des premiers vols habités vers l'espace, dans les années 1960 !

Son père acquiesce, impressionné.

— En arrivant de l'aéroport, nous avons croisé des statues de cosmonautes le long des avenues…

— Oui, et au centre de la ville, nous avons vu une fusée dressée sur une grande place ! ajoute sa maman, un peu inquiète. C'est avec ce modèle que tu vas t'envoler vers l'espace ?

Son regard trahit sa crainte. Thomas la rassure.

— Maman, ce modèle est construit depuis plus de quarante ans, dit-il en souriant. Tant de femmes et d'hommes ont pu voyager dans l'espace grâce à cette fusée : c'est la plus sûre du monde !

(suite page 23)

BIENVENUE À BORD DE LA STATION SPATIALE

**La vie de Thomas Pesquet dans l'espace ressemble à celle d'un ingénieur-infirmier-plombier-marathonien-scaphandrier !
Il doit être capable de tout faire, ou presque…**

Ingénieur
La moitié du temps passé dans la Station spatiale est consacrée à des expériences scientifiques. Elles sont très variées et concernent le médical, l'informatique, de nouveaux matériaux… Car l'impesanteur est difficile à reproduire sur Terre.

Plombier
Les astronautes doivent connaître chaque partie de la Station et être capables de la réparer ou de remplacer certaines pièces à l'aide de matériaux envoyés depuis la Terre. Dès son arrivée, une des premières missions de Thomas a été de réparer les toilettes qui étaient tombées en panne !

Scaphandrier
Enfiler ou retirer une combinaison spatiale demande beaucoup d'efforts et de temps. Il faut d'ailleurs l'aide d'un autre astronaute. Sans compter les heures passées à préparer la sortie extravéhiculaire* : réviser les gestes qu'il faut effectuer dans l'espace, organiser les instruments et équipements à manipuler…

Infirmier
La Station spatiale est équipée de 700 kilos de matériel médical : des pansements aux appareils de dentiste… Dans l'espace, les astronautes doivent pouvoir se soigner eux-mêmes.

Marathonien
Les astronautes doivent faire chaque jour du sport. Mais en flottant, ce n'est pas facile… Par exemple, la course à pied se fait en étant attaché à un tapis roulant, lui-même accroché à un mur : on court à la verticale !

---

* Sortie extravéhiculaire : Lorsqu'un astronaute, équipé de sa combinaison, sort du vaisseau spatial, par exemple pour effectuer des réparations ou remplacer des batteries.

Il reste beaucoup de choses à faire avant de partir et le temps passe si vite ! La veille du décollage, Thomas, Peggy et Oleg visitent la chambre où Youri Gagarine a dormi avant de devenir le premier homme à voyager dans l'espace. C'était en 1961. Depuis, cette pièce est devenue une sorte de musée, où rien ou presque n'a changé.

Thomas est impressionné en voyant la taille du lit. Il lui paraît minuscule !

Peggy sourit.

— À l'époque, Tom, tu n'aurais eu aucune chance de voyager dans l'espace, fait-elle remarquer.

Oleg approuve :

— Oui, il fallait mesurer moins de 1 mètre 70, car le vaisseau était tout petit.

Les trois membres de l'équipage rentrent ensuite à l'hôtel pour passer leur dernière nuit sur Terre avant le décollage. Thomas n'est pas particulièrement nerveux, il n'éprouve pas non plus d'anxiété. Il sait qu'il est prêt !

Ce 17 novembre 2016, c'est le « jour J » ! Thomas, Peggy et Oleg quittent leur hôtel pour se rendre dans un bâtiment spécial.

Là, ils enfilent leur combinaison spatiale. Puis, ils sortent du bâtiment à pied. Thomas salue ses parents et son frère sous les flashs des appareils photo des journalistes, avant de monter dans un minibus. Derrière la vitre, Thomas fait un cœur avec ses doigts en direction de sa compagne, Anne.

Arrivés sur le pas de tir, Thomas, Peggy et Oleg se hissent en ascenseur tout en haut de la fusée, à plus de 40 mètres du sol. Ils pénètrent dans le vaisseau Soyouz et s'attachent à leurs sièges. Derrière eux, des techniciens leur souhaitent bonne chance et referment la petite porte, l'écoutille. Thomas serre la main de Peggy, puis celle d'Oleg. Il inspire à pleins poumons et se concentre :

— Maintenant, c'est à nous de jouer !

5, 4, 3, 2, 1... Les moteurs de la fusée s'allument dans un grondement terrible. Thomas subit l'énorme accélération. Une image lui vient en tête :

— C'est comme si j'étais catapulté dans l'espace sur un énorme bâton de dynamite !

L'engin fend le ciel à toute vitesse. Quelques minutes plus tard, le vaisseau Soyouz se sépare de la fusée. Il a dépassé les 100 kilomètres d'altitude.

— Ça y est, tout s'est bien passé ! Nous voyageons dans l'espace, souffle Thomas dans le micro.

L'astronaute français réalise enfin son rêve, mais ce n'est que le début de la mission. Il faut deux jours au vaisseau pour s'approcher de la Station spatiale internationale.

Enfin, Thomas l'aperçoit par le hublot.
— Elle brille dans le soleil, immense, avec ses panneaux solaires orange, s'exclame-t-il. C'est magnifique !

Un des ports d'amarrage est déjà occupé par un autre vaisseau Soyouz. C'est celui des occupants actuels de la Station : l'astronaute Shane Kimbrough, et les deux cosmonautes, Sergueï Ryjikov et Andreï Borissenko.

Après une série de manœuvres, le vaisseau de Thomas, Peggy et Oleg s'amarre à la Station. Dans six mois, ils remonteront à bord pour revenir sur Terre. Mais pour l'heure, les trois compagnons d'équipage se détachent de leurs sièges. En impesanteur, ils se mettent à flotter et franchissent l'écoutille pour pénétrer dans la Station spatiale.

Peggy entre la première.

— Salut les amis ! lance Shane.

Derrière eux, Sergueï et Andreï prennent des photos. Oleg les rejoint. Tous flottent et font des galipettes !

À son tour, Thomas s'élance.

— Bonjour le Français ! s'exclament Sergueï et Andreï.

Shane lui serre la main.

— Bienvenue à bord, Tom !

CHAPITRE 4
196 JOURS INTENSES

— Vivre dans la Station, c'est comme habiter dans une machine à laver en marche ! s'esclaffe Peggy. Sauf qu'on n'en ressort pas plus propres !

Pendant quelques instants, ils écoutent…

— Tu vois, Thomas, il y a du bruit en permanence, grimace-t-elle. C'est à cause de tous les appareils qui fonctionnent 24 heures sur 24. Mais tu vas t'y faire ! Viens, suis-moi, on continue la visite.

Peggy est une habituée, à 56 ans, c'est la troisième fois qu'elle séjourne à bord. Plus loin, elle lui tend un petit masque en tissu, pour mettre sur ses yeux.

— Prends ça, ce sera très utile pour dormir ! dit-elle. Comme tu le sais, nous tournons à très grande vitesse autour de la Terre, tu pourras compter sur 16 levers et 16 couchers de soleil par jour ! Justement, voilà ta chambre : tu vas voir, il n'y a pas beaucoup de place…

L'astronaute français sourit, il ne peut même pas étendre ses deux bras dans sa chambre spatiale. Et les six prochains mois, il dormira debout, en flottant dans son sac de couchage fixé à un placard…

Les premiers jours, Thomas expérimente de nouvelles sensations. En raison de l'impesanteur, les voyageurs de l'espace ressemblent un peu… à des hamsters. Dans sa chambre, Thomas communique depuis son ordinateur avec Anne, sur Terre.

— Ma tête est toute rouge et mes joues sont gonflées, parce que mon cœur envoie trop de sang vers le haut du corps, explique-t-il à sa compagne. Elle voit son visage en direct, sur un écran du Centre européen des astronautes.

Il y a aussi d'autres choses, mais ça, il ne lui en parle pas. Par exemple, depuis son arrivée, Thomas a souvent envie de vomir. Heureusement, Oleg l'a déjà rassuré : ça ne va pas durer, son corps va s'adapter à l'impesanteur.

Malgré tout, Thomas prend rapidement ses repères. Son emploi du temps est très chargé. Il se réveille à

6 heures et prend son petit-déjeuner avec le reste de l'équipage. Puis, à 7 heures, ils communiquent avec la base sur Terre pour recevoir le planning du jour. Pendant la moitié du temps de travail, l'équipage fait de la maintenance et, pendant l'autre moitié, il poursuit des recherches scientifiques.

Ainsi, durant les six mois de son séjour dans l'espace, Thomas va devoir réaliser une centaine d'expériences : prises de sang, études de micro-organismes, culture de salades, tests avec de nouveaux matériaux plastiques ou métalliques... Il passe donc la matinée souvent seul dans le laboratoire européen.

À des écoliers français qui lui posent des questions par la radio, il explique :

— Tous ces travaux servent à préparer les missions spatiales du futur, vers Mars par exemple. Mais, elles servent aussi à améliorer la vie sur Terre !

À midi, il retrouve les autres membres de l'équipage. Les repas sont élaborés pour rester en bonne santé : pas trop de sel, pas trop de sucres.

Une fois, Oleg lui propose une ration de bortsch russe. C'est une soupe qui contient des betteraves, de la viande et du chou. Thomas, curieux de nature, accepte. Mais certains aliments lui manquent :

— C'est vraiment pas de chance que la baguette soit interdite !

Shane, l'Américain, répond :
— Tu ne voudrais pas que les miettes de tes baguettes se mettent à flotter et à s'éparpiller partout, quand même !
Le russe Sergueï se met à rire.
— En tout cas, moi, je ne ferai pas le ménage !
Après le repas, lorsqu'il se brosse les dents, Thomas ne peut pas recracher. C'est le même problème que pour la baguette. Il doit avaler le dentifrice… Et pour les toilettes et la douche, il n'y a pas d'eau courante. Car, dans la Station spatiale, tous les liquides sont filtrés et recyclés pour être ensuite réutilisés. Pour se laver, les astronautes se servent de lingettes, comme celles qu'on utilise pour les bébés.

À 13 heures, les six membres de l'équipage reprennent le travail. L'après-midi, Thomas et Peggy passent souvent du temps à réparer et maintenir la Station en bon état. Ils en profitent aussi pour vérifier que chaque outil se trouve bien à sa place.

— Par le passé, plusieurs outils ont déjà été perdus avant d'être retrouvés des mois plus tard, raconte Peggy. Parfois même par un autre équipage !

La journée de travail s'achève à 17 heures. Mais Thomas a encore une obligation : il doit faire au moins deux heures de sport par jour. Ce n'est pas vraiment une contrainte pour l'astronaute français, plutôt un plaisir. Sauf qu'il n'y a que quatre machines pour six astronautes…

— Oleg, tu ne veux pas commencer à préparer ta soupe ? lance Thomas en enfilant ses baskets. Maintenant, c'est mon tour de courir sur le tapis roulant !

La course à pied, c'est un des sports préférés de Thomas. D'ailleurs, dans la Station spatiale, c'est le seul moment où il porte des chaussures.

Après 19 heures, c'est enfin quartier libre ! Thomas en profite pour écrire son journal de bord et appeler ses proches. Il aime aussi passer du temps à la cupola. C'est un large hublot qui offre une vue imprenable sur la Terre, 400 kilomètres en dessous.

— On est où là ? demande Thomas.

— Au Brésil, répond Peggy. Plus précisément, au-dessus de la forêt amazonienne.

Thomas prend plusieurs photos.

(suite page 38)

LES RISQUES PHYSIQUES D'UN VOYAGE DANS L'ESPACE

Même préparé comme un sportif de haut niveau, le corps de Thomas subit des dégradations rapides et importantes lors de son séjour dans la Station spatiale. Elles sont principalement dues à l'impesanteur.

1. Des os de papi !

Dans l'espace, les os sont moins soumis à des chocs, comme lorsqu'on marche, court ou saute.
Ils se reconstruisent moins vite qu'ils ne s'abîment. En six mois dans l'espace, les os de Thomas vont ressembler à ceux d'un homme de 70 ans. Ils seront moins solides et pleins de fissures.
Il lui faudra plusieurs mois pour récupérer !

2. Grosse tête

En impesanteur, le sang a tendance à plus rester dans les parties hautes du corps, notamment dans le cerveau. Heureusement, dès que Thomas sera de retour sur Terre, ce phénomène cessera.

3. Cœur troublé

Comme il n'a pas à travailler aussi fort que sur Terre, le cœur de Thomas devient « paresseux ». Ses veines et ses artères vont aussi subir un vieillissement accéléré : l'équivalent de 30 ans en six mois dans la Station spatiale ! Heureusement, ces phénomènes sont réversibles.

5. Des muscles tout ramollos

Bien qu'il pratique tous les jours du sport, le corps de Thomas va subir une diminution de la force et de l'endurance. C'est normal, en impesanteur tous les mouvements sont plus faciles, les muscles sont donc beaucoup moins sollicités.

4. Myope comme une taupe

Alors qu'il avait une vue parfaite, le fond des yeux de Thomas se modifie dans l'espace. Cette altération est comparable à la myopie. À son retour, il risque d'avoir besoin de lunettes pendant quelques semaines.

— Comme tout semble petit et fragile d'ici..., s'émeut-il.
Peggy tend le bras.
— Tu vois ces traînées grises ?
Thomas s'approche et observe avec attention.
— Ce sont de gigantesques incendies de forêt ! s'exclame-t-elle, avec un pincement dans la voix.

Le 2 juin 2017, après 196 jours passés dans l'espace, la mission spatiale de Thomas touche à sa fin.

CHAPITRE 5
LES PIEDS SUR TERRE

— On se retrouve très vite en bas, Peggy ! s'écrie Thomas, avec un grand sourire.

Car l'astronaute américaine va rester quelques semaines de plus que lui dans la Station spatiale internationale.

Thomas et Oleg flottent alors vers le vaisseau Soyouz, celui qui leur avait servi à rejoindre la Station, six mois plus tôt. Peggy prend encore quelques photos et les salue une dernière fois. Puis, elle referme l'écoutille derrière eux.

Thomas se sent prêt pour le retour sur Terre :

— C'est comme à la fin des grandes vacances lorsque j'étais enfant... J'étais content de pouvoir retrouver mon chez-moi. Aujourd'hui, c'est pareil !

400 kilomètres au-dessus de la frontière entre la Mongolie et la Chine, le vaisseau Soyouz se détache lentement de la Station spatiale internationale. Puis, en descendant, il prend de la vitesse. Thomas et Oleg se concentrent, car l'entrée dans l'atmosphère est un moment délicat.

— On ressent plusieurs fois le poids de son corps, ça secoue !

À cause des frottements avec l'air, la température grimpe rapidement jusqu'à 1 600 degrés à l'extérieur du vaisseau. Heureusement qu'il est équipé d'un épais bouclier de protection. Thomas observe les flammes par le hublot. Il sourit, confiant :

— On est à l'intérieur d'une petite étoile filante !

Quelques instants plus tard, Thomas et Oleg ressentent une vive secousse lorsque le parachute se déploie. Cette fois, le vaisseau perd beaucoup de vitesse :

— Ça y est, dit Thomas. Nous avons fait le plus difficile ! Reste à toucher le sol…

— Espérons en douceur ! sourit Oleg.

Les deux hommes se préparent à l'atterrissage en se blottissant au fond de leur siège.

— Ouch ! lance Thomas, surpris par la violence de l'impact. On rebondit comme une balle de tennis, on se croirait dans une voiture qui fait des tonneaux !

La capsule s'immobilise enfin. À l'intérieur, les deux hommes relèvent la visière de leur casque et enlèvent déjà leurs gants :

— On ne voit rien du tout, dit Oleg, il n'y a que de la poussière à l'extérieur !

Pourtant, dans le ciel plusieurs hélicoptères s'approchent déjà.

Thomas et Oleg n'ont pas longtemps à attendre avant d'entendre des voix à l'extérieur. Ils se félicitent.

LES PIEDS SUR TERRE

L'écoutille s'ouvre et une main entre. Thomas l'agrippe avec tout ce qu'il lui reste de force. Ça y est, il est porté hors du vaisseau ! Le bleu du ciel immense l'étourdit presque...

— C'est une seconde naissance, savoure-t-il. Tous mes sens sont en alerte !

À peine sorti du vaisseau, des médecins l'aident à s'installer dans un fauteuil. Thomas a perdu du poids et des forces en restant six mois en impesanteur dans l'espace. Pour l'heure, il est trop faible pour pouvoir se tenir debout. On lui tend un téléphone. C'est sa compagne, Anne. Elle se trouve en Allemagne, à Cologne, au Centre européen des astronautes. Thomas ressent une gêne. Il a du mal à parler, car les muscles de sa mâchoire aussi ont perdu l'habitude de travailler. Sa voix n'est plus la même. Parler au téléphone lui demande beaucoup d'effort. Anne raccroche, elle l'attend avec impatience...

Thomas a tout juste le temps de reprendre son souffle. Déjà, il reçoit un nouvel appel. Cette fois, c'est Emmanuel Macron, le président de la République !

Désormais, la nouvelle vie de Thomas commence. Les prochaines années, il va visiter de nombreuses écoles et collèges, parler de ce qu'il a vu et ressenti là-haut, dans l'espace, à une quantité prodigieuse de personnes.

(suite page 46)

LE FUTUR DE L'EXPLORATION SPATIALE

La Station spatiale internationale n'est pas éternelle...
Dans l'espace, elle vieillit rapidement et, tôt ou tard, il faudra se passer de ses services. Mais les idées ne manquent pas !

De retour sur la Lune ?

Depuis 1972, plus aucun homme n'a foulé le sol de notre plus proche voisine. Ils ne sont d'ailleurs que douze à l'avoir fait. L'agence spatiale américaine (la NASA) envisage de créer une Station spatiale autour de la Lune durant la décennie 2020.

Les nouveaux géants

Les deux pays les plus peuplés du monde, la Chine et l'Inde, ont développé un programme d'exploration spatiale ambitieux. La Chine a envoyé plusieurs femmes et hommes dans l'espace grâce à ses fusées Longue Marche. Et l'Inde vient d'envoyer une sonde en orbite de Mars.

La conquête de la planète rouge

Plusieurs sondes ont déjà été placées en orbite et des robots roulent sur le sol de Mars. Mais aucun humain n'y a encore posé le pied ! L'agence spatiale américaine envisag d'envoyer des astronautes pour une mission historique sur Mars dans la décennie 2030.

Des entrepreneurs aux dents longues !

Deux des hommes les plus riches au monde ont eu la même idée : créer des fusées ! Jeff Bezos avec sa société Blue Origin en a déjà lancé plusieurs dans l'espace. Et son rival, Elon Musk, le patron de SpaceX, a réussi l'exploit d'envoyer des fusees, de les faire revenir sur Terre et de les réutiliser ! Elles permettent aujourd'hui d'amener des astronautes vers la Station spatiale internationale.

Les touristes de l'espace

Pour gagner toujours plus d'argent, ces entrepreneurs envisagent de mettre en vente des billets pour faire un tour dans l'espace. Mais les prix seront chers, au moins au début. Il faudra compter plusieurs dizaines de milliers d'euros, au minimum !

Thomas reconnaît que son voyage l'a beaucoup changé. Aujourd'hui, son objectif est de pouvoir aider à sauver la planète bleue.

— La Terre, c'est un grand vaisseau spatial avec un équipage de 7 milliards de personnes, explique-t-il. Nous devons vraiment en prendre soin !

Bien sûr, il n'a qu'une hâte, voyager à nouveau dans l'espace, et pourquoi pas, un jour, fouler le sol de la Planète Mars !

Après un peu de repos, il recommence donc son entraînement intensif.

En mars 2020, Thomas est affecté à une nouvelle mission de longue durée à bord de la Station spatiale internationale nommée Alpha, comme Alpha du Centaure, l'étoile la plus proche du Soleil. Thomas est le premier Européen à voyager avec la fusée de la compagnie américaine SpaceX. Il a quitté la Terre le 21 avril 2021 à bord de la capsule CREW Dragon, avec trois autres astronautes.

DANS LA MÊME COLLECTION

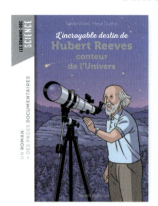